LA ANARQUÍA

ENRICO MALATESTA

Traducido por
RICARDO MELLA CEA

La palabra anarquía proviene del griego y significa sin gobierno; es decir la vida de un pueblo que se rige sin autoridad constituida, sin gobierno.

Antes que toda una verdadera categoría de pensadores haya llegado a considerar tal organización como posible y como deseable, antes de que fuese adoptada como objetivo por un movimiento que en la actualidad constituye uno de los más importantes factores en las modernas luchas sociales, la palabra anarquía era considerada, por lo general, como sinónima de desorden, de confusión, y aún hoy mismo se toma en este sentido por las masas ignorantes y por los adversarios interesados en ocultar o desfigurar la verdad.

No hemos de detenernos a profundizar en estas digresiones filológicas, por cuanto entendemos que la cuestión, más bien que de filología, reviste un marcado carácter histórico. El sentido vulgar de la palabra no desconoce su significado verdadero, desde el punto de vista etimológico, sino que es un derivado o consecuencia del prejuicio consistente en considerar al gobierno como un órgano indispensable para la vida social, y que, por tanto, una sociedad sin gobierno debe ser presa y víctima del desorden, oscilante entre la omnipotencia de unos y la ciega venganza de otros.

La existencia y persistencia de este prejuicio, así como la influencia ejercida por el mismo en la significación dada por el común sentir a la palabra anarquía, explícanse fácilmente.

De igual modo que todos los animales, el hombre se adapta, se habitúa a la condiciones del medio en que vive, y por herencia transmite los hábitos y costumbres adquiridos. Nacido y criado en la esclavitud, heredero de una larga progenie de esclavos, el hombre, cuando ha comenzado a pensar, ha creído que la servidumbre era condición esencial de vida: la libertad le ha parecido un imposible. Así es como el trabajador, constreñido durante siglos a esperar y obtener el trabajo s decir, el pan- de la voluntad, y a veces del humor de un amo, y acostumbrado a ver continuamente su vida a merced de quien posee tierra y capital, ha concluido por creer que era el dueño, el señor o patrono quien le daba de comer. Ingenuo y sencillo, ha llegado a hacerse la pregunta siguiente: "¿Como me arreglaría yo para poder comer si los señores no existieran?".

Tal sería la situación de un hombre que hubiese tenido las extremidades inferiores trabadas desde el día de su nacimiento, si bien de manera que le consintiesen moverse y andar dificultosamente; en estas condiciones podría llegar a atribuir la facultad de trasladarse de un punto a otro a sus mismas ligaduras, siendo así que estas no habrían de producir otro resultado que el de disminuir y paralizar la energía muscular de sus piernas.

Y si a los efectos naturales de la costumbre se agrega la educación recibida del mismo patrón, del sacerdote, del maestro, etc. -interesados todos en predicar que el gobierno y los amos son necesarios, y hasta indispensables-; si se añaden el juez y el agente de policía, esforzándose en reducir al silencio a todo aquél que de otro modo discurra y trate de difundir y propagar su pensamiento, se comprenderá cómo el cerebro poco cultivado de la masa ha logrado arraigar el prejuicio de la utilidad y de la necesidad del amo y del gobierno.

Figuraos, pues, que el hombre de las piernas trabadas, de quien antes hemos hablado, le expone el médico toda una teoría y le presenta miles de ejemplos hábilmente inventados, a fin de persuadirle de que, si tuviera las piernas libres, le sería imposible caminar y vivir; en este supuesto, el individuo en cuestión se esforzaría en conservar sus grillos o ligaduras, y no vacilaría en considerar como enemigos a quienes desearen desembarazarse de ellos.

Ahora bien, puesto que se ha creído que el gobierno es necesario, puesto que se ha admitido que sin gobierno no puede haber otra cosa sino confusión y desorden, es natural y hasta lógico que el término anarquía, que significa la ausencia o carencia de gobierno, venga a significar igualmente la ausencia de orden.

Y cuenta que el hecho no carece de precedentes en

la historia de las palabras. En las épocas y países donde el pueblo ha creído necesario el gobierno de uno solo (monarquía), la palabra república, que significa el gobierno de la mayoría, se ha tomado siempre como sinónima de confusión y de desorden, según puede comprobarse en el lenguaje popular de casi todos los países.

Cambiad la opinión, persuadid al público de que no sólo el gobierno dista de ser necesario, sino que es en extremo peligroso y perjudicial... y entonces la palabra anarquía, justamente por eso, porque significa ausencia de gobierno, significará para todos orden natural, armonía de necesidades e intereses de todos, libertad completa en el sentido de una solidaridad asimismo completa.

Resulta impropio decir que los anarquistas han estado poco acertados al elegir su denominación, ya que este nombre es mal comprendido por la generalidad de las gentes y se presta a falsas interpretaciones. El error no depende de¡ nombre sino de la cosa; y la dificultad que los anarquistas encuentran en su propaganda, no depende del nombre o denominación que se han adjudicado, sino del hecho de que su concepto choca con todos los prejuicios inveterados que conserva el pueblo acerca de la función del gobierno o, como se dice de ordinario, acerca del Estado.Antes de proseguir será conveniente hacer algunas ligeras indicaciones respecto a esta última palabra, causa, a nuestro entender, de numerosas interpretaciones erróneas.

Los anarquistas se sirven ordinariamente de la palabra Estado para expresar todo el conjunto de instituciones políticas, legislativas, judiciales, militares, financieras, etc., por medio de las cuales se sustrae al pueblo la gestión de sus propios asuntos, la dirección de su propia seguridad, para confiarlos a unos cuantos que -usurpación o delegación se encuentran investidos de la facultad de hacer leyes sobre todo y para todos y de compeler al pueblo a ajustar a ellas su conducta, valiéndose, al efecto, de la fuerza de todos.

En este supuesto la palabra Estado significa por tanto como gobierno, o se quiere, la expresión impersonal, abstracta de este estado de cosas cuya personificación está representada por el gobierno: las expresiones abolir el Estado, sociedad sin estado, etc., responden, pues, perfectamente a la idea que los anarquistas quieren expresar cuando hablan de la abolición de toda organización política fundada en la autoridad y de la constitución de una sociedad de hombres libres e iguales fundada en la armonía de los intereses y sobre el concurso voluntario de todos, a fin de satisfacer las necesidades sociales.

La palabra Estado tiene, empero, otras muchas significaciones, algunas de ellas susceptibles de inducir a error, sobre todo cuando se trata o discute con hombres que, a causa de su triste posición social, no han tenido ocasión de habituarse a las delicadas distinciones del lenguaje científico 0 cuando -y entonces peor- se trata con adversarios de mala fe, interesados en confundir los términos y en no querer comprender las cosas.

Se toma, por ejemplo, la palabra Estado para indicar una sociedad determinada, tal o cual colectividad humana reunida en cierto y limitado territorio, constituyendo lo que se llama una persona moral, independientemente de la forma de agrupación de los miembros y de las relaciones que entre ellos puedan existir; algunas veces se emplea simplemente como sinónima de sociedad, y a causa de estos y otros diversos significados de la citada palabra, los adversarios creen, o fingen creer, que los anarquistas pretenden la abolición de todo vínculo de conexión social, de todo trabajo colectivo y tratan de reducir el hombre al aislamiento, o sea a una condición peor que la de los salvajes.

Por Estado compréndese también la administración superior de un país, el poder central, distinto del poder provincial y del poder municipal, por lo cual otros estiman que los anarquistas desean una simple descentralización territorial, dejando intacto el principio gubernamental, lo cual equivale a confundir la anarquía con el cantonalismo y el comunalismo.

Por ultimo, Estado significa condición, modo de ser, régimen social, etc. Así, por ejemplo, decimos: «Es menester cambiar el «estado económico de la clase obrera», y otras frases semejantes que pudieran parecer, a primera vista, contradictorias.

Por estas razones creemos que sería más conveniente a nuestros propósitos abstenerse, en cuanto sea posible, de emplear la frase abolición del Estado, y sustituirla por esta otra expresión clara y más concreta: abolición del gobierno. Así nos proponemos obrar por lo que concierne a la redacción de las páginas siguientes de este estudio.

Hemos dicho anteriormente, que la *«Anarquía es la sociedad sin gobierno»*.

Ahora bien: ¿es factible la supresión de los gobiernos?, ¿es deseable?, ¿puede preverse? Veamos:

¿Qué es el gobierno?

La tendencia metafísica (que es una enfermedad del espíritu por causa de la cual el hombre, después de haber sufrido una especie de alucinación, se ve inducido a tomar lo abstracto por real), la tendencia metafísica, decimos, que, no obstante, y a pesar de los triunfos de la ciencia positiva tiene todavía tan profundas raíces en el espíritu de la mayoría de los contemporáneos, hace que muchos conciban el gobierno como una entidad moral, dotada de ciertos atributos de razón, de justicia, de equidad, independientes de las personas en que encarna.

Para ellos, el gobierno, o mas bien, el Estado, es el poder social abstracto; es el representante, abstracto siempre, de los intereses generales; es ya la expresión «derecho de todos», considerado como límite de los derechos de cada uno. Este modo de concebir el gobierno aparece apoyado por los interesados, a quienes importa salvar el principio de autoridad y hacerle prevalecer sobre las faltas y errores de los que se turnan en el ejercicio del poder.

Para nosotros el gobierno es la colectividad de gobernantes: reyes, presidentes, ministros, diputados, etc., son aquellos que aparecen adornados de la facultad de hacer las leyes para reglamentar las relaciones de los hombres entre sí, y hacer ejecutar estas leyes; debe decretar y recaudar los impuestos; debe forzar al servicio militar; debe juzgar y castigar las infracciones y contravenciones a las leyes; debe intervenir y sancionar los contratos privados; debe monopolizar ciertos ramos de la producción y ciertos servicios públicos, por no decir toda la producción y todos los servicios; debe favorecer o impedir el cambio de productos; debe declarar la guerra y ajustar la paz con los gobernantes de otros países; debe conceder o suprimir franquicias, etc. Los gobernantes, en una palabra, son los que tienen la facultad en grado más o menos elevado de servirse de las fuerzas sociales, o sea de la fuerza física, intelectual y económica de todos, para obligar a todo el mundo a hacer lo que entre en sus designios particulares. Esta facultad constituye, en nuestro sentir, el principio de gobierno, el principio de autoridad.

Pero... ¿cual es la razón de ser del gobierno?

¿Por qué abdicar en manos de unos cuantos individuos nuestra propia libertad y nuestra propia iniciativa? ¿Por qué concederles la facultad de ampararse, con o en contra de la voluntad de cada uno, de la fuerza de todos y disponer de ella a su antojo? ¿Hállanse, acaso, tan excepcionalmente dotados que puedan, con alguna apariencia de razón, sustituir a la masa y proveer a los intereses de los hombres mejor que pudieran efectuarlo los propios interesados? ¿Son, tal vez, infalibles e incorruptibles hasta el punto de que se les pueda confiar, prudentemente la suerte de cada uno y la de todos?

Y, aun cuando existiesen hombres de una bondad y de un saber infinitos, aun cuando por una hipótesis, irrealizada e irrealizable, el poder gobernar se confiase a los más capaces y a los mejores, la posesión del poder nada absolutamente agregaría a su potencia bienhechora, sino que produciría el resultado de paralizarla, de destruirla por la necesidad en que se encontrarían de ocuparse de tantas cosas para ellos incomprensibles y por la de malgastar la mejor parte de sus energías y actividades en la empresa de conservar el poder a todo trance, en la de contentar a los amigos, en la de acallar a los descontentos y en la de combatir a los rebeldes.

Por otra parte, buenos o malos, sabios o ignorantes, ¿qué son los gobernantes? ¿Quién los designa y eleva para tan alta función? ¿Se imponen ellos mismos por el derecho de guerra, de conquista o de revolución? Pues entonces, si esto es así, ¿qué garantía tiene el pueblo de que habrán de inspirar sus actos en la utilidad general? Esto es una pura cuestión de usurpación; y a los gobernados, si están descontentos, no les queda otro recurso sino acudir la lucha para librarse del yugo.

¿Son elegidos por una clase o por un partido? Pues entonces serán los intereses y las ideas de esta clase o de este partido los que triunfen, mientras que la voluntad y los intereses de los demás serán sacrificados. ¿Se les elige por sufragio universal? En este caso el único criterio está constituido por el número, cosa que, ciertamente, no significa ni acredita equidad, razón ni capacidad; los que sepan engañar mejor a la masa, serán quienes resulten elegidos, y la minoría compuesta algunas veces de la mitad menos uno, resultará sacrificada; esto sin contar con que la experiencia demuestra la imposibilidad absoluta de hallar un mecanismo electoral en virtud del cual los candidatos electos sean, por lo menos, los representantes genuinos de la mayoría.

Numerosas y variadas son las teorías mediante las cuales se ha tratado de explicar y de justificar la existencia del gobierno. Todas, en suma, fúndanse en el preconcepto, confesado o tácito, de que los hombres tienen intereses contrarios y de que se necesita una fuerza externa y superior, para obligar a unos a respetar el derecho de los otros, prescribiendo e imponiendo determinada norma de conducta, que armonizaría, en la medida de lo posible, los intereses en pugna y que proporcionaría a cada uno la satisfacción más grande con el menor sacrificio concebible.

Dicen los teorizantes del autoritarismo:

«Si los intereses, las tendencias, los deseos de un individuo aparecen en oposición a los intereses, las tendencias, los deseos de otro individuo o con los de la misma sociedad, ¿quién tendrá el derecho y la fuerza de obligar a uno a respetar los intereses de otro? ¿Quién podrá impedir a un determinado ciudadano violar la voluntad general? La libertad de cada uno icen- tiene por límite la voluntad de los demás, pero ¿quién habrá de establecer este límite y quién lo hará respetar? Los antagonismos naturales de intereses y pasiones crean, pues, la necesidad del gobierno y justifican la existencia de la autoridad, que desempeña el papel de moderadora en la lucha social y asigna los límites de los derechos y de los deberes de todos y de cada uno».

Tal es la teoría, pero las teorías, para ser justas, deben hallarse basadas en los hechos y ser suficientes a explicarlos; y es bien sabido que en economía social se inventan, con sobrada frecuencia, teorías para justificar hechos, es decir, para defender el privilegio y hacerlo aceptar tranquilamente por las víctimas del mismo.

En efecto, recordemos algunos ejemplos:

En todo el curso de la historia, de igual modo que en la época actual, el gobierno es, o la dominación brutal, violenta, arbitraria de algunos sobre la masa, o es un instrumento ordenado para asegurar la dominación y el privilegio a aquéllos que, por fuerza, por astucia o por herencia, han acaparado todos los medios de vida, sobre todo el suelo, de los cuales se sirven para mantener al pueblo en perpetua servidumbre y hacerle trabajar en lugar de y para ellos.

Oprímese a los hombres de dos maneras: o directamente, por la fuerza bruta, por la violencia física, o indirectamente, merced a la privación de los medios de subsistencia, reduciéndolos, de esta manera, a la impotencia; el primer modo es el origen del poder, es decir, del privilegio político; el segundo es el origen del privilegio económico.

Todavía puede oprimiese a los hombres actuando sobre su inteligencia y sobre sus sentimientos, modo de obrar que origina y constituye el poder universitario y el poder religioso; pero como el pensamiento no es sino una resultante de fuerzas materiales, el engaño y los organismos o corporaciones instituido para juzgarlo, no tienen razón de ser sino en tanto que resultado de los privilegios económicos y políticos, y un medio de defenderlos y consolidarlos.

En las sociedades primitivas poco numerosas, de relaciones sociales poco complicadas, cuando una circunstancia cualquiera ha impedido que se establezca hábitos y costumbres de solidaridad o ha destruido las preexistentes estableciendo después la dominación del hombre por el hombre, vemos que los dos poderes político y económico se encuentran reunidos en las mismas manos. Manos que en ocasiones pueden ser las de una misma persona. Los que por la fuerza han vencido y amedrentado a los otros, disponen de vidas y haciendas de los vencidos, y les obligan a servirles, a trabajar en su provecho y hacer en todo y por todo su voluntad. Así resultan, a la vez, propietarios, legisladores, reyes, jueces y verdugos.

Pero con el desarrollo y acrecentamiento de la sociedad, con el aumento de las necesidades, con la complicación de las relaciones sociales, se hace imposible la persistencia de semejante despotismo. Los dominadores, bien para afianzar su seguridad, bien por comodidad, bien por imposibilidad de obrar de otro modo, se ven en la dura necesidad, por una parte, de buscar el apoyo de una clase privilegiada o el de cierto número de individuos cointeresados en su dominación, y por otra parte, de conducirse de manera que cada uno provea como sepa y como pueda a su propia existencia, reservándose para sí el mando y la dominación suprema, es decir, el derecho de explotar lo más posible a todo el mundo, al propio tiempo que el medio de satisfacer el ansia y la vanidad de mando. Así es como a la sombra del poder, con su protección y su complicidad, y frecuentemente a sus espaldas, por falta de intervención, se desenvuelve la propiedad privada, o por mejor decir, la clase de los propietarios; éstos concentran poco a poco en sus manos los medios de producción, las verdaderas fuentes de vida, agricultura, industria, comercio, etc., concluyendo por constituir un poder que, por la superioridad de sus medios y la multiplicidad de intereses que abraza, llega siempre a someter, más o menos abiertamente, al poder político, o sea el gobierno, para hacer de él su gendarme.

Este fenómeno se ha reproducido diversas veces en la historia. Cada vez que en una invasión o en una empresa militar la violencia física y brutal se han enseñoreado de una sociedad, han mostrado los vencedores la tendencia a concentrar en sus manos el gobierno y la propiedad. Pero siempre la necesidad sentida por el gobierno de obtener la complicidad de una clase poderosa, las exigencias de la producción, la imposibilidad de vigilarlo y dirigirlo todo, restablecieron la propiedad privada, la división de los poderes y, con ella, la dependencia efectiva de aquellos que han poseído la fuerza, los gobernantes, en provecho de los poseedores de las fuentes de la fuerza, los propietarios. El gobierno acaba siempre y totalmente por ser el guardián del propietario.

Jamás se ha acentuado tanto este fenómeno como en nuestros días. El desarrollo de la producción, la expansión inmensa del comercio, la potencia desmesurada adquirida por el numerario y todos los hechos económicos provocados por el descubrimiento de América, por la invención de las máquinas, etc., han asegurado una tal supremacía a la clase capitalista, que, no contenta con disponer del apoyo gubernamental, ha pretendido que el gobierno que reconociese por origen el derecho de conquista (de derecho divino, según dicen los reyes y sus partidarios), por mucho que las circunstancias parecieran someterle a la clase capitalista, conservaba siempre una actitud altanera y desdeñosa hacia sus antiguos esclavos enriquecidos, y ofrecía en toda ocasión rasgos y veleidades de independencia y de dominación. Esta clase de gobierno era, ciertamente el defensor, el gendarme de los propietarios; pero, así y todo, era un gendarme que se estimaba en algo y se permitía ciertas arrogancias con las personas a quienes debía acompañar y defender, salvo en los casos en que éstas se desembarazaban de él a la vuelta de la primera esquina. La clase capitalista ha sacudido y continúa sacudiendo su yugo, empleando medios más o menos violentos, a fin de substituir el referido gobierno por otro elegido por ella misma, compuesto de individuos de su clase, sujeto continua y directamente a su intervención e inspección y de modo especial organizado para la defensa contra posibles reivindicaciones de los desheredados. De aquí el origen del sistema parlamentario moderno.

Hoy día, el gobierno, compuesto de propietarios y de gentes puestas a su servicio, hállase del todo a disposición de los propietarios, hasta el punto de que los más ricos llegan hasta a desdeñar el formar parte de él. Rothschild no tiene necesidad ni de ser diputado ni de ser ministro; le basta simplemente con tener a su disposición a los ministros y a los diputados.

En multitud de países el proletariado obtiene nominalmente una mayor participación en la elección del gobierno. Es ésta una concesión hecha por la burguesía, sea para obtener el concurso del pueblo en la lucha contra el poder real o aristocrático, sea para apartar al pueblo de la idea de emanciparse concediéndole una apariencia o sombra de soberanía.

Háyalo o no previsto la burguesía, desde que ha concedido al pueblo el derecho de sufragio, lo cierto es que tal derecho ha resultado siempre, en toda ocasión y en todo lugar, ilusorio y bueno tan sólo para consolidar el poder de la burguesía, engañando a la parte más exaltada del proletariado con la esperanza remota de poder escalar las alturas del poder.

Aun con el sufragio universal, y, hasta podríamos decir: sobre todo con el sufragio universal, el gobierno ha continuado siendo el gendarme de la burguesía. Si fuera cosa distinta, si el gobierno adoptase una actitud hostil, si la Democracia pudiera ser otra cosa que un medio de engañar al pueblo, la burguesía, amenazada en sus intereses, se aprestaría a la rebelión sirviéndose de toda la fuerza y toda la influencia que la posesión de la riqueza le proporciona para reducir al gobierno a la función de simple gendarme puesto a su servicio.

En todo lugar y tiempo, sea cualquiera el nombre ostentado por el gobierno, sean cualesquiera su origen y organización, su función esencial vemos que es siempre la de oprimir y explotar a las masas, la de defender a los opresores y a los acaparadores; sus órganos principales, característicos, indispensables, son el gendarme y el recaudador de contribuciones, el soldado y el carcelero, a quienes se unen indefectiblemente el tratante de mentiras, cura o maestro, pagados y protegidos por el gobierno para envilecer las inteligencias y hacerlas dóciles al yugo.

Cierto que a estas funciones primordiales, a estos organismos esenciales del gobierno, aparecen unidos en el curso de la historia otras funciones y otros organismos. Admitimos de buen grado, por tanto, el que nunca o casi nunca ha existido en un país algo civilizado, un gobierno que, además de sus funciones opresoras y expoliadoras, no se haya asignado otras útiles o indispensables a la vida social, pero esto no impide que el gobierno sea, por su propia naturaleza, opresivo y expoliador, que esté forzosamente condenado, por su origen y su posición a defender y confortar a la clase dominante; este hecho confirma no sólo lo que antes hemos dicho, sino que lo agrava más.

En efecto, el gobierno toma sobre sí la tarea de proteger, en mayor o menor grado, la vida de los ciudadanos contra los ataques directos y brutales. Reconoce y legaliza un cierto número de derechos y deberes primordiales y de usos y costumbres, sin los cuales la vida en sociedad resultaría imposible. Organiza y dirige algunos servicios públicos como son los correos, caminos, higiene pública, régimen de las aguas, protección de los montes, etc... Crea orfelinatos y hospitales y se complace en aparecer, y esto se comprende, como el protector y el bienhechor de los pobres y de los débiles. Pero basta con observar cómo y por qué desempeña estas funciones para obtener la prueba experimental, práctica, de que todo lo que el gobierno hace está inspirado siempre en el espíritu de dominación y ordenado para la mejor defensa, engrandencimiento y perpetuación de sus propios privilegios, así como los de la clase por él defendida y representada.

Un gobierno no puede existir mucho tiempo sin desfigurar su naturaleza bajo una máscara o pretexto de utilidad general; no hay posibilidad de que haga respetar la vida de los privilegiados sin fingir que trata o procura hacer respetar la de todos; no puede exigir la aceptación de los privilegios de unos pocos sin aparentar que deja a salvo los derechos de todos. «La ley -dice Kropotkin- o sea los que la hacen, el gobierno, ha utilizado los sentimientos sociales del hombre para hacer cumplir, con los preceptos de moral que el hombre aceptaba, órdenes útiles a la minoría de los expoliadores, contra los cuales él se habría, seguramente, rebelado».

Un gobierno no puede pretender que la sociedad se disuelva, porque entonces desaparecería para él y para la clase dominante la materia explotable. Un gobierno no puede permitir que la sociedad se rija por sí misma, sin intromisión alguna oficial, porque entonces el pueblo advertirá bien pronto que el gobierno no sirve para nada, si se exceptúa la defensa de los propietarios que lo esquilman, y se prepararía a desembarazarse de unos y del otro.

Hoy día, ante las reclamaciones insistentes y amenazadoras del proletariado, muestran los gobiernos la tendencia de interponerse en las relaciones entre patronos y obreros. Ensayan desviar de este modo el movimiento obrero e impedir, por medio de algunas falaces reformas, el que los pobres tomen por su mano todo aquello de lo cual necesiten, es decir, una parte del bienestar general, igual a aquella de que los otros disfrutan.

Es menester además no olvidar, por una parte, que los burgueses, los proletarios, están ellos mismos preparados en todo momento para declararse la guerra, para comerse unos a otros, y, por otra parte que el gobierno, aunque hijo, esclavo y protector de la burguesía, tiende, como todo siervo, a emanciparse, y como todo protector, tiende a dominar al protegido. De aquí este juego de componendas, de tira y afloja, de concesiones hoy acordadas y mañana suprimidas, esta busca de aliados entre los conservadores contra el pueblo, y entre el pueblo contra los conservadores, juego que constituye la ciencia de los gobernantes y que es la ilusión de cándidos y holgazanes acostumbrados a esperar el maná que ha de caer de lo alto.

Con todo esto, el gobierno no cambia, sin embargo, de naturaleza; si el gobierno se aplica a regular y a garantizar los derechos y deberes de cada uno, pronto pervierte el sentimiento de justicia, calificando de crimen y castigando todo acto que ofenda o amenace los privilegios de los gobernantes y de los propietarios; así es como declara justa, legal, la más atroz explotación de los miserables, el lento y continuo asesinato moral y material perpetrado por los poseedores en detrimento de los desposeídos.

Si se asigna el papel de «administrador de los servicios públicos», no Olvida ni desatiende en ningún caso los intereses de los gobernantes ni de los propietarios, y tan sólo se ocupa de los de la clase trabajadora en tanto que esto puede ser indispensable para obtener como resultado final el que la masa consienta en pagar. Cuando ejerce el papel de maestro impide la propaganda de la verdad y tiende a preparar el espíritu y el corazón de la juventud para que de ella salgan los tiranos implacables o esclavos dóciles, según sea la clase a que pertenezcan. Todo en manos del gobierno se convierte en medio de explotación, todo se reduce a instituciones de policía para tener encadenado al pueblo.

Y en verdad que no puede ser de otro modo. Si la vida humana es lucha entre hombres, tiene que haber naturalmente vencedores y vencidos, y el gobierno -que es el premio de la lucha o un medio para asegurar a los vencedores los resultados de la victoria y perpetuarlos- no estará jamás, esto es evidente, en manos de los vencidos, bien que la lucha haya tenido efecto en el terreno de la fuerza física o intelectual, bien que se haya realizado en el terreno económico. Los que han luchado para vencer, para asegurarse mejores condiciones, para conquistar privilegios, mando o poder, una vez obtenido el triunfo, no habrán de servirse de él, ciertamente, para defender los derechos de los vencidos, sí para poner trabas y limitaciones a su propia voluntad y a la de sus amigos y partidarios.

El gobierno, o como se llama, el Estado justiciero, moderador de las luchas sociales, administrador imparcial de los intereses públicos, es una mentira, una ilusión, una utopía jamás realizada y jamás realizable.

Si los intereses de los hombres debieran ser contrarios unos a otros, si la lucha entre los hombres fuese una ley necesaria de las sociedades humanas, si la libertad de unos hubiera de constituir un límite a la libertad de los otros, entonces, cada uno trataría siempre de hacer triunfar sus propios intereses sobre los de los demás; cada uno procuraría aumentar su libertad en perjuicio de la libertad ajena. Si fuera cierto que debe existir un gobierno, no porque sea más o menos útil a la totalidad de los miembros de una sociedad, sino porque los vencedores quieren asegurar los frutos de la victoria sometiendo fuertemente a los vencidos, eximiéndose de la carga de estar continuamente a la defensiva, encomendando su defensa a hombres que de ello hagan su profesión habitual, entonces la humanidad estaría destinada a perecer o a debatirse eternamente entre la tiranía de los vencedores y la rebelión de los vencidos.

Felizmente, el porvenir de la humanidad es mas sonriente, porque la norma que la orienta es más saludable. Esta norma es la de la solidaridad.

El hombre posee, a manera de propiedad fundamental, necesaria, el instinto de su propia conservación, sin el cual ningún ser viviente podría existir, y el instinto de conservación de la especie, sin el cual ninguna especie hubiera podido formarse ni persistir. El hombre se ve, pues, naturalmente forzado a defender su existencia y su bienestar, así como la existencia y el bienestar de su descendencia contra todo y contra todos.

Los vivos tienen, en la naturaleza, dos maneras de asegurarse la existencia y de hacerla más apacible; por un lado, la lucha individual contra los elementos y contra los otros individuos de la misma especie y de especies diferentes; por el otro, el apoyo mutuo, la cooperación, que pudiera recibir el hombre de su asociación para la lucha contra todos los factores y agentes naturales contrarios a la existencia, al desarrollo y al bienestar de los asociados.

No podríamos, en el limitado espacio de este estudio, indicar siquiera la participación respectiva de ambos principios en la evolución de la vida orgánica, la lucha y la cooperación. Basta a nuestro objetivo hacer constar cómo en la humanidad, la cooperación -forzosa o voluntaria- se ha convertido en el único medio de progreso, de perfeccionamiento, de seguridad, y cómo la lucha invertida en atávica- ha venido a resultar completamente inepta para favorecer el bienestar de los individuos y causa, por el contrario, de males para todos, lo mismo vencedores que vencidos.

La experiencia, acumulada y transmitida de una a otra por generaciones sucesivas, enseña que el hombre que se une a otros asegura mejor su conservación y favorece su bienestar. Así, como consecuencia de la lucha misma por la existencia emprendida contra el medio ambiente y contra los individuos de una especie, se ha desarrollado entre los hombres el instinto de la sociabilidad, que ha transformado de modo completo las condiciones de su existencia. Por la fuerza de este instinto el hombre pudo salir de la animalidad, adquirir una gran fuerza y elevarse mucho sobre el nivel de los demás animales, de modo que los filósofos espiritualistas han creído indispensable inventar, para explicarla el alma inmaterial e inmortal.

Numerosas causas concurrentes han contribuido a la

formación de este instinto social, que, partiendo de la base animal del instinto de la conservación de la especie sea el sentido social restringido a la familia natural- ha llegado a un grado eminente de intensidad y de extensión para constituir, en lo sucesivo, el fondo mismo de la naturaleza moral del hombre.

El hombre, salido de los tipos inferiores de la animalidad, hallábase débil y desarmado para la lucha individual contra los animales carnívoros; pero dotado de un cerebro capaz de notable desarrollo, de un órgano bucal apto para expresar por sonidos diversos las diferentes vibraciones cerebrales, y de manos especialmente adaptadas para dar forma deseable a la materia, debía sentir bien pronto la necesidad y calcular las ventajas de la asociación; puede decirse que salió de la animalidad cuando se hizo sociable y cuando adquirió el uso de la palabra, consecuencia y factor potentísimo, a la vez, de la sociabilidad.

En los comienzos de la humanidad el número de hombres era por demás restringido; la lucha por la existencia, entablada de hombre a hombre, era menos áspera, menos continuada, hasta menos necesaria, incluso fuera de la asociación, lo cual debía favorecer en sumo grado el desarrollo de los sentimientos de simpatía y permitir contrastar y apreciar el valor y utilidad del apoyo mutuo.

En fin, la capacidad adquirida por el hombre, merced a sus primitivas cualidades aplicadas, en cooperación con un número mayor o menor de asociados, a la tarea de modificar el medio ambiente y de adaptarlo a sus necesidades; la multiplicación de los deseos crecientes a la par que los medios de satisfacerlos y convirtiéndose poco a poco en necesidades; la división del trabajo, que es la consecuencia de la explotación metódica de la naturaleza en provecho del hombre, han hecho de la vida social el medio ambiente indispensable al hombre, fuera del cual le es imposible la vida, si no quiere caer en un estado de bestialidad.

Y por el refinamiento de la sensibilidad, consecuencia de la multiplicidad de relaciones; por la costumbre adquirida en la especie, merced a la transmisión hereditaria durante miles y miles de años, esta necesidad de vida social, de cambio de pensamientos y de afecciones entre los hombres, ha llegado a convertirse en un modo de ser, necesario e indispensable, a nuestro organismo. Se ha transformado en simpatía, en amistad, en amor, y subiste con independencia de las ventajas materiales que la asociación produce, hasta tal extremo que, por satisfacerlas, se afronta toda suerte de penalidades y de sufrimientos, incluso la muerte.

En suma, las enormes ventajas que la asociación aporta al hombre; el estado de inferioridad física (no proporcionada a su superioridad intelectual) en que se halla con relación al animal, si permanece en el aislamiento; la posibilidad para el hombre de asociarse a un número siempre creciente de individuos, en relaciones cada día mas íntimas y complejas, hasta llegar a extender la asociación a toda la humanidad, a toda la vida; la posibilidad, sobre todo, de producir trabajando en cooperación con sus semejantes, más de lo indispensable para la vida; los sentimientos de afección, en fin, que todo ello se derivan, han dado a la lucha por la existencia, entre la especie humana, un carácter enteramente distinto del que reviste la lucha por la existencia entre los demás animales.

Sea ello lo que quiera, hoy día se sabe -y las investigaciones de los naturalistas contemporáneos aportan sin cesar nuevas pruebas- que la cooperación ha tenido y tiene, en el desenvolvimiento del mundo orgánico, una importante participación. tan importante que ni siquiera sospecharían los que tratasen de justificar, a duras penas por cierto, el reino de la burguesía por medio de las teorías darwinistas, porque la distancia entre la lucha humana y la lucha animal aparece enorme y proporcional a la distancia que separa al hombre de los demás animales.

Estos últimos combaten, sea individualmente, sea en pequeños grupos, permanentes o transitorios, contra toda la naturaleza, incluso contra el resto de los individuos de su propia especie. s animales, aun comprendiendo los más sociales, como las hormigas, las abejas, etc., son solidarios entre los individuos del mismo hormiguero o la misma colmena, pero son indiferentes con relación a las otras comunidades de su misma especie, si es que no las combaten, como con frecuencia ocurre. La lucha humana, por el contrario, tiende siempre a extender más y más la asociación entre los hombres, a solidarizar sus intereses, a desarrollar el sentimiento de amor de cada hombre hacia todos los demás, a vencer y a dominar la naturaleza exterior con la humanidad. Toda lucha directa para conquistar ventajas, independientemente de los demás hombres o contra ellos, es contraria a la naturaleza social del hombre moderno y le aproxima a la animalidad.

La solidaridad, es decir, la armonía de intereses y de sentimientos, el concurso de cada uno al bien de todos y todos al bien de cada uno, es la única posición por la cual el hombre puede explicar su naturaleza y lograr el más alto grado de desarrollo y el mayor bienestar posible. Tal es el fin hacia el que marcha sin cesar la humanidad en sus sucesivas evoluciones, constituyendo el principio superior capaz de resolver todos los actuales antagonismos, de otro modo insolubles, y de producir como resultado el que la libertad de cada uno no encuentre límite, sino el complemento y las condiciones necesarias a su existencia, en la libertad de los demás.

«Nadie -decía Miguel Bakunin- puede reconocer su propia humanidad, ni por consiguiente realizarla en su vida, si no reconociéndola en los demás y cooperando a la realización por los otros emprendida. Ningún hombre puede emanciparse, si no emancipa con él, a su vez, a todos los hombres que tenga a su alrededor. Mi libertad es la libertad de todos, puesto que yo no soy realmente libre -libre no sólo en potencia, sino en acto- más que cuando mi libertad y mi derecho hallan su conformación y su sanción en la libertad y en el derecho de todos los hombres, mis iguales».

«La situación de los otros hombres me importa mucho, porque, por independiente que me parezca mi posición social, sea yo papa, zar, emperador o primer ministro, soy siempre el producto de lo que sean los últimos de estos hombres; si son ignorantes, miserables, esclavos, mi existencia estará determinada por su ignorancia, por su miseria o por su esclavitud. Yo, hombre inteligente y avisado, por ejemplo, seré estúpido por estupidez; yo, valeroso, seré esclavo por su esclavitud; yo, rico, temblaré ante su miseria; yo, privilegiado, palidecer ante su injusticia. Yo, que deseo ser libre, no puedo serlo, porque a mi alrededor todos los hombres no quieren ser libres todavía, y al no quererlo resultan, para mí, instrumentos de opresión».

La solidaridad es, pues, la condición en cuyo seno alcanza el hombre el más alto grado de seguridad y de bienestar; por consecuencia, el egoísmo mismo, o sea la consideración exclusiva de su propio interés, conduce al hombre y a la sociedad hacia la solidaridad, o, dicho de otro modo, egoísmo y altruismo Consideración de los intereses de los otros- se confunden en un solo sentimiento, de igual modo que un solo interés se confunden el de¡ individuo y el de la sociedad.

Pero el hombre no podía pasar en seguida de la animalidad a la humanidad, de la lucha brutal de hombre a hombre, a la lucha solidaria de todos los hombres, fraternalmente unidos contra la naturaleza exterior.

Guiado por las ventajas que ofrecen la asociación y la división del trabajo resultante de ella, el hombre iba evolucionando hacia la solidaridad, pero esta evolución se ha visto interrumpida por un obstáculo que la ha obligado a cambiar de dirección, desviándola, todavía hoy mismo, de su verdadero fin. El hombre descubrió que podía, hasta cierto punto, y para las necesidades materiales y primordiales, únicas hasta entonces sentidas por él, realizar y aprovecharse de las ventajas de la cooperación, sometiendo a los demás hombres a su capricho en lugar de asociarse con ellos, y como los instintos feroces y antisociales, heredados de antepasados simiescos, latían potentes todavía en él, forzó a los más débiles a trabajar en su provecho, dando preferencia a la dominación sobre la asociación. Pudo suceder, y en la mayoría de los casos sucedió, que explotando a los vencidos se dio cuenta el hombre por primera vez de las ventajas que la asociación podría aportarle, de la utilidad que el hombre podría obtener del apoyo del hombre.

El conocimiento de la utilidad de la cooperación que debía conducir al triunfo de la solidaridad en todas las relaciones humanas, condujo, por el contrario, a la propiedad individual y al gobierno, es decir, a la explotación del trabajo de todos por un puñado de privilegiados.

Esto ha sido siempre la asociación, la cooperación, fuera de la cual es imposible la vida humana, pero esto era una especie de cooperación impuesta y regulada por unos cuantos en interés particular suyo.

De este hecho se deriva la gran contradicción, que ocupa por completo las páginas de la historia de los hombres, entre la tendencia a asociarse y fraternizar para la conquista y la adaptación del mundo exterior a las necesidades del hombre y para la satisfacción de los sentimientos efectivos y la tendencia a dividirse en tantas unidades separadas y hostiles por parte de los grupos determinados por las condiciones geográficas y etnográficas, las posiciones económicas, los hombres que logrando conquistar una ventaja tratan de asegurarla y aumentarla, los que esperan obtener un privilegio y los que, victimas de una injusticia, se rebelan y tratan de sacudir el yugo.

El principio de cada uno para sí, que es la guerra de todos contra todos, ha venido, en el curso de la historia, a complicar, a desviar y paralizar la lucha de todos contra la naturaleza, única capaz de proporcionar el bienestar a la humanidad, por cuanto ésta no puede alcanzar su perfección completa sino basándose en el principio de todos para cada uno y uno para todos.

La humanidad ha experimentado males inmensos por consecuencia de la intromisión, la dominación y a explotación en el seno de la asociación humana. Pero no obstante la opresión atroz a que las masas han sido sometidas, la miseria, los vicios, los delitos, la degradación que la misma miseria y la esclavitud producían entre los esclavos y entre los amos, las ansias acumuladas, las guerras exterminadoras, y el antagonismo de los intereses artificialmente creados, el instinto social ha logrado sobreponerse y desarrollarse. Siendo siempre la cooperación la condición necesaria para que el hombre pueda luchar con éxito contra la naturaleza exterior, ha permanecido también como la causa permanente de la aproximación de los hombres y del desenvolvimiento del sentimiento de simpatía entre ellos. Merced a la fuerza de la solidaridad, más o menos extendida, que entre los oprimidos ha existido en todo tiempo y lugar, es como éstos han podido soportar la opresión, y como la humanidad ha resistido los gérmenes mortales introducidos en su seno.

Hoy día, el inmenso desarrollo alcanzado por la producción, el acrecentamiento de las necesidades que no pueden ser satisfechas sino mediante el concurso de gran número de hombres residentes en distintos países, los medios de comunicación, la costumbre y frecuencia de los viajes, la ciencia, la literatura y el comercio, han reducido y continúan reduciendo a la humanidad en un solo cuerpo cuyas partes, solidarias entre sí, no encuentran su plenitud ni la libertad de desarrollo debidas, sino en la salud de las otras partes y en la del todo.

El habitante de Nápoles se halla tan interesado en el saneamiento de las lagunas de sus ciudad como en el mejoramiento de las condiciones higiénicas de los pueblos situados en las orillas del Ganges, de donde le viene el cólera morboso. La libertad, el bienestar, el porvenir de un montañés perdido entre los desfiladeros de los Apeninos, no dependen únicamente del bienestar o de la miseria en que los vecinos de su aldea se hallen, ni de las condiciones generales del pueblo italiano, sino que dependen también de los trabajadores de América, de Australia, del descubrimiento de un sabio sueco, de las condiciones morales y materiales de los chinos, de la guerra o de la paz existentes en el continente africano, en suma, de todas las circunstancias grandes o pequeñas que, en un punto cualquiera del globo terráqueo, ejerzan su influencia sobre un ser humano.

En las condiciones actuales de la sociedad, esta solidaridad, que une a todos los hombres, es en gran parte inconsciente, puesto que surge espontáneamente de los conflictos de intereses particulares, al paso que los hombres preocúpense poco o nada de los intereses generales. Esto nos ofrece la más evidente prueba de que la solidaridad es la norma natural de la humanidad, que se explica y se impone, a pesar de todos los antagonismos creados por la constitución social actual.

Por otra parte, las masas oprimidas, que nunca han estado, ni pueden estar, completamente resignadas a la opresión y a la miseria, y hoy menos que nunca, se muestran ávidas de justicia, de libertad, de bienestar y comienzan a comprender que sólo es posible emanciparse por medio de la unión, por medio de la solidaridad con todos los oprimidos, con todos los explotados del mundo entero. Han llegado a comprender, por fin, que la condición sine qua non de su emancipación es la posesión de los medios de producción, del suelo y de los instrumentos de trabajo, en una palabra, la abolición de la propiedad individual. La ciencia, la observación de los fenómenos sociales, demuestran que esta abolición sería de inmensa utilidad para los mismos privilegiados actuales a cambio de que se avinieran solamente a renunciar a sus instintos de dominación y a concurrir como todos al trabajo para el bienestar común.

Ahora bien, si un día las masas oprimidas se negasen a trabajar para los demás, si despojasen a los propietarios de la tierra y de los instrumentos de trabajo a fin de servirse de ellos por su cuenta y en su beneficio, es decir, en provecho o beneficio de todos; si deseasen emanciparse de la dominación, del imperio de la fuerza bruta y del privilegio económico; si la fraternidad entre los pueblos, el sentimiento de solidaridad humana robustecido por la comunidad de intereses lograsen poner fin a las guerras y a las conquistas, ¿cuál sería, llegado el caso, la razón de ser de un gobierno?

Una vez abolida la propiedad individual, el gobierno, que es su defensor, debería desaparecer, y si sobreviviese veríase continuamente obligado a reconstruir, bajo una forma cualquiera, una clase privilegiada y opresiva.

La abolición del gobierno no significa ni puede significar destrucción de la cohesión social, sino que, por el contrario, la cooperación que actualmente resulta forzada, que actualmente existe tan solo en provecho de unos cuantos, será libre, voluntaria y directa, existirá en beneficio de todos y resultaría para ellos intensa y eficaz en grado SUMO.

El instinto social, el sentimiento de solidaridad, se desarrollará en el más alto grado; cada hombre hará todo cuanto pueda en el bien de sus semejantes, no solo para dar satisfacción a sus sentimientos efectivos, sino por interés propio bien comprendido.

Del libre concurso de todos, merced a la agrupación espontánea de los hombres, según sus necesidades y sus simpatías, de abajo arriba, de lo simple a los compuesto, partiendo de los intereses más inmediatos para llegar a los más generales, surgirá una organización social cuyo objeto sea el mayor bienestar y la mayor libertad de todos, que reunirán toda la humanidad en fraternal comunidad; que se modificará y se mejorará según las circunstancias y las enseñanzas de la experiencia.

Esta sociedad de hombres libres, esta sociedad de personas solidarias y fraternas, esta sociedad de amigos, es lo que representa la Anarquía.

Hasta aquí hemos considerado al gobierno tal cual es, tal cual debe necesariamente ser en el seno de una sociedad fundada en el privilegio, en la explotación y en la opresión del hombre por el hombre, basada en el antagonismo de intereses, en la lucha intersocial, en una palabra, en la propiedad individual.

Hemos visto como este estado de lucha, lejos de ser una condición necesaria de la vida de la humanidad, es contrario a los intereses de los individuos y de la especie humana; hemos visto como la cooperación, la solidaridad, es la norma del progreso humano y hemos sacado en consecuencia de todo ello, que mediante la abolición de la propiedad individual y de todo predominio del hombre sobre el hombre, el gobierno perdería toda razón de ser y debería desaparecer. «Pero -podría objetársenos- cambiad el principio sobre el que actualmente se funda la organización social, sustituid con la solidaridad la lucha, con la propiedad común la propiedad privada, y no habréis hecho sino cambiar la naturaleza del gobierno que, en lugar de ser el protector y el representante de los intereses de una clase, sería -supuesto que las clases no habrían de existir- el representante de los intereses de toda la sociedad, con la misión de asegurar y de regularizar, en intereses de todos, la cooperación social, de desempeñar los servicios públicos de una importancia general, de defender a la sociedad contra las posibles tentativas encaminadas a restablecer los privilegios, de prevenir los atentados cometidos por algunos contra la vida, el bienestar o la libertad de cada uno.

Existen en la sociedad funciones muy necesarias que reclaman gran dosis de constancia y mucha regularidad para poder dejarlas abandonadas a la libre iniciativa y voluntad de los individuos, sin riesgo de ver caer todo en la confusión más deplorable.

¿Quién organizará y quién asegurará, sin gobierno, el servicio de alimentación, de distribución, de higiene, de correos, de telégrafos, de ferrocarriles, etc.? ¿Quién tomará a su cargo la instrucción pública? ¿Quién emprenderá esos y trabajos de exploración, de saneamiento y de investigación científica que transforman la faz de la tierra y centuplican las fuerzas del hombre?

»¿Quién velará por la conservación y el aumento de capital social, a fin de transmitirlo mejorado a la humanidad futura?

»¿Quién impedirá la devastación de los montes, la explotación y el aprovechamiento irracional y codicioso, que puede dar por consecuencia el agotamiento de suelo?

»¿Quién tendrá el encargo y la autoridad necesarias para prevenir y reprimir los delitos, es decir, los actos antisociales?

»¿Y aquellos que, faltando a la norma de la solidaridad social, no quisieran trabajar?

»¿Y aquellos que propagasen en un país una epidemia, rehusando someterse a las prescripciones higiénicas, reconocidas útiles por la ciencia?

»¿Y si hubiera individuos que, locos o no locos, quisieran arrasar las cosechas, violar a las niñas o abusar de su fuerza física en perjuicio de los débiles?

»Destruir la propiedad individual y abolir los gobiernos existentes sin reconstruir un gobierno que organice la vida colectiva y asegure la solidaridad social, no sería abolir los privilegios y proporcionar al mundo la paz y el bienestar: sería destruir todo vínculo social, hacer retroceder la humanidad hacia la barbarie, hacia el reinado de cada uno para sí que representa el triunfo de la fuerza bruta, como primera consecuencia y el del privilegio económico como segunda».

Tales son las objeciones que nos oponen los autoritarios, incluso los socialistas, es decir, los que debieran tratar de abolir la propiedad individual y el gobierno de clases, derivado de ella.

A ellas las respondemos con lo siguiente:

En primer lugar, no es cierto que por consecuencia del cambio de las condiciones sociales, hubiera de cambiar el gobierno de naturaleza y de función. Órgano y función son términos inseparables. Despojad a un órgano de su función, y o bien el órgano muere o bien la función se restablece; introducid un ejército en un país donde no exista motivo ni razón de guerra interior o exterior y el ejército provocara la guerra o caso de no lograrlo, se disolverá. Una policía allí donde no halla delitos que descubrir o delincuentes a quienes aprehender, provocará su realización o inventará los unos y los otros y en caso contrario, que a causa de esta institución dejará de existir.

Funciona en Francia, desde hace varios siglos, una institución actualmente adjunta a la Administración de Montes, denominada la «Louveterie», cuyos funcionarios están encargados de promover y realizar la destrucción de los lobos y otros animales dañinos. Pues bien, nadie se extrañará si decimos que a causa de esta institución es por lo que existen lobos en Francia, donde en las estaciones rigurosas ocasionan numerosas víctimas. El público se preocupa poco de los lobos, puesto que existen funcionarios encargados de su persecución. Estos practican su caza, pero de modo tan inteligente, que dan las batidas con tiempo suficiente para permitir su incesante reproducción, pues sería lástima que la especie se extinguiera; así resulta que los campesinos franceses tienen poca fe en la eficacia de estos funcionarios de la Administración, a quienes consideran como conservadores de lobos, y se comprende: ¿qué iba a ser de ellos si los lobos desaparecieran totalmente?

Un gobierno, es decir un cierto número de personas encargadas de hacer las leyes, ejercitadas en servirse de la fuerza de todos para obligar a cada uno a respetarlas, constituyen ya, de por sí, una clase privilegiada y separada del pueblo. Clase que habrá de buscar intuitivamente, como todo cuerpo constituido, el aumento de sus atribuciones, el sustraerse a la intervención y fiscalización de las masas, el imponer sus tendencias y el hacer prevalecer sus intereses particulares. Colocado en una posición privilegiada, el Gobierno se halla en antagonismo con el resto de país, cuya fuerza utiliza diariamente.

Por lo demás, el gobierno, aún cuando él mismo tratase de conseguirlo, no lograría contentar a todo el mundo; si se limitase a dar satisfacción a algunos, se vería obligado a ponerse en guardia contra los descontentos y a cointeresar, por tanto a una parte del pueblo, para obtener su apoyo. De este modo se reanudaría la vieja historia de la clase privilegiada constituida con la complicidad del Gobierno que, si esta vez no se hacía propietaria del suelo, acapararía, ciertamente, posiciones ventajosas creadas al efecto y no sería ni menos opresora ni menos expoliadora que lo es la actual clase capitalista.

Los gobernantes, habituados al mando, no se avendrían a verse confundidos y englobados con la multitud; si no pudieran conservar el poder, se asegurarían, por lo menos, posiciones privilegiadas para el caso en que se vieran forzados a entregar el poder a otros. Usarían todos los medios que el mando proporciona para hacer elegir como sucesores a sus propios amigos, a fin de ser apoyados y protegidos por estos a su vez. El gobierno se transmitiría recíprocamente de unas a otras manos, y la democracia, que es el pretendido gobierno de todos, acabaría como siempre en una oligarquía, que es el gobierno de algunos, el gobierno de una clase.

¡Qué oligarquía tan omnipotente, tan opresora, tan absorbente, no sería, pues la que tuviera a su cargo, es decir, a su disposición, todo el capital social, todos los servicios públicos, desde la alimentación hasta la fabricación de fósforos, desde las universidades hasta los teatros de opereta!.

Mas supongamos que el gobierno no constituye en sí una clase privilegiada y que puede vivir sin crear a su alrededor una nueva clase de privilegiados, siendo únicamente el representante, el esclavo, si se quiere, de toda la sociedad. ¿En qué y cómo aumentaría la fuerza, la inteligencia, el anhelo de solidaridad, el cuidado de bienestar de todos de la humanidad futura, que en determinado momento existieran en la sociedad?

Se repite siempre la antigua historia del hombre encadenado, que habiendo logrado vivir a pesar de las cadenas, las considera como condición indispensable de su existencia.

Estamos acostumbrados a vivir bajo un gobierno que acapara todas las fuerzas, todas las inteligencias, todas las voluntades que puede dirigir para sus fines, y crea obstáculos, suprime aquéllos que pueden serle hostiles o, por lo menos, inútiles, y nosotros nos imaginamos que cuanto se ha hecho en la sociedad es obra de los gobernantes, y que sin gobierno no quedaría a la sociedad ni fuerza, ni inteligencia, ni buena voluntad. Así (ya lo hemos dicho anteriormente) el propietario que se ha apoderado del suelo, lo hace cultivar en provecho particular suyo, no dejando al trabajador sino lo estrictamente necesario para que pueda y quiera seguir trabajando y el trabajador servil piensa que no podría vivir sin el patrón, como si éste hubiera creado la tierra y las fuerzas de la naturaleza.

¿Qué es lo que el gobierno puede añadir a las fuerzas morales y materiales existentes en una sociedad? ¿Será el gobierno, por casualidad, como el dios de la Biblia, y podrá sacar cosa alguna de la nada? Puesto que nada ha sido creado en el mundo comúnmente denominado material, nada se crea tampoco en esta forma más compleja del mundo material que se llama mundo social. Por esto los gobiernos no pueden disponer sino de fuerzas ya existentes en el seno de la sociedad, excepción hecha de las grandes fuerzas que paralizan y destruyen por efecto de su misma acción, las fuerzas rebeldes, las fuerzas perdidas en los frotamientos y choques, necesariamente muy numerosos, en un mecanismo artificial en tan sumo grado.

Y si ellos dan de sí alguna cosa, esto ocurre en tanto que son hombres, y no porque sean gobierno. En fin, de todas las fuerzas materiales y morales que quedan a disposición del gobierno, sólo una parte se emplea de modo verdaderamente útil a la sociedad. El resto se almacena para poder refrenar las fuerzas rebeldes. O se le aparta del fin de utilidad general, empleándolas en provecho de unos cuantos y en perjuicio de la mayoría.

Larga y detenidamente se ha disertado acerca de la participación respectiva que tiene en la vida y en el progreso de la sociedades humanas la iniciativa individual y la acción social; y se ha llegado, con los artificios habituales del lenguaje metafísico, a embrollar de tal manera las cosas, que hasta han parecido audaces aquéllos que han afirmado que todo se rige y todo marcha en el mundo humano mediante la iniciativa individual. En realidad, esto es una verdad de sentido común que aparece evidente tan luego como trata uno de darse cuenta de las cosas representadas por las palabras. El ser real es el hombre, es el individuo; la sociedad o colectividad y el Estado o gobierno que pretende representarlas, si no son abstracciones vacías de sentido, tienen que consistir en agregaciones de individuos. Y en el organismo de cada individuo es donde tienen necesariamente su origen todos los pensamientos y todos los actos humanos, los cuales de individuales se convierten en pensamientos y en actos colectivos, una vez que son o se hacen comunes a varios individuos. La acción social, pues, no consiste en la negación ni es el complemento de la iniciativa individual, sino en la resultante de las iniciativas, de los pensamientos y de las acciones de todos los individuos que componen la sociedad, resultante que, como todo, es más o menos grande según que todas las fuerzas concurran al mismo objeto o sean divergentes u opuestas.

Si, por el contrario, con los autoritarios, por acción social se entiende la acción gubernamental, todavía sigue siendo ésta la resultante de las fuerzas individuales, bien que sólo de los individuos que forman parte del gobierno o que por su posición, pueden influir en la conducta de éste último.

De aquí que en la distinción secular entre la libertad y la autoridad, o en otros términos, entre el socialismo libertario y el Estado clase, no se trate de aumentar la independencia individual en detrimento de la ingerencia social, o de ésta en detrimento de aquella, sino más bien de impedir que algunos individuos puedan oprimir a los otros; de conceder los mismos derechos y los mismos medios de acción, y de sustituir con la iniciativa de todos, que debe producir, naturalmente, ventajas a todos, la iniciativa de algunos que necesariamente produce la opresión de todos los demás; se trata siempre, en una palabra, de destruir la dominación y la explotación del hombre por el hombre, de tal forma que todos resulten interesados en el bienestar común, y las fuerzas individuales, en lugar de ser suprimidas o de ser combatidas, destruyéndose una y otras, hallen la posibilidad de un desarrollo completo y se asocien entre sí para mayores ventajas de todos.

De lo anterior resulta que la existencia de un gobierno, aun cuando fuera -según nuestra hipótesis- el gobierno de los socialistas autoritarios, lejos de producir un aumento de las fuerzas productivas organizadoras y protectoras de la sociedad, daría por resultado su considerable aminoración, restringiendo la iniciativa a unos cuantos y concediendo a unos pocos el derecho de hacerlo todo, sin poder, naturalmente, otorgarles el don de la omniscencia.

En efecto, si se separan de la legislación, los actos y las obras de un gobierno, todo lo relativo a la defensa de los privilegios y todo lo que representa la voluntad de los mismos privilegiados ¿qué restaría que no fuese el resultado de la actividad de todos?

«El Estado -decía Sismondi- es siempre un poder conservador que autentiza, regulariza y organiza las conquistas del progreso (y la historia añade que siempre las encamina en beneficio de las clases privilegiadas) pero no las aplica jamás si dichas iniciativas parten siempre de abajo, nacen en el fondo de la sociedad, del pensamiento individual que en seguida se divulga, se convierte en opinión, en mayoría, pero se ve forzado en todo caso a volver sobre sus pasos, y a combatir en los poderes constituidos la tradición, la rutina y el privilegio del error».

Por lo demás, para comprender cómo una sociedad puede vivir sin gobierno, basta observar un poco a fondo la sociedad actual y se verá en realidad que la mayor parte, la esencia de la vida social, se realiza, aun hoy día, con independencia de la intervención del gobierno y cómo el gobierno no se entremete sino para explotar a las masas, para defender a los privilegiados y para sancionar, bien que inútilmente, todo cuanto se hace sin él y aun contra él. Los hombres trabajan, cambian, estudian, viajan, observan como quieren las reglas de la moral y de la higiene, aprovechan los beneficios del progreso de las ciencias y de las artes, sostienen entre sí relaciones infinitas, sin sentir necesidad de que nadie les imponga la manera de conducirse. Y justamente son las cosas en que el gobierno no se entremete las que menos diferencias y litigios ocasionan, las que se acomodan a la voluntad de todos, de modo que todos hallan en ellas su utilidad y su agrado.

El gobierno no es tampoco indispensable ni necesario para las grandes empresas, para esos servicios públicos que requieren el concurso regular de mucha gente, de países y condiciones diversos. Mil empresas de este orden son, actualmente, obra de asociaciones privadas, libremente constituidas, y realizan sus fines, según todo el mundo confiesa, del mejor modo posible y con los más satisfactorios resultados. No hablemos de las asociaciones de capitalistas, organizadas con el fin de explotación, ni recordemos cómo demuestran prácticamente la posibilidad y el poderío de la libre asociación, ni hagamos alto en cómo esta última puede extenderse hasta comprender gentes de todos los países e intereses inmensos y por extremo variados.

Hablamos únicamente de las asociaciones que, inspiradas por el amor a nuestros semejantes, o por la pasión de la ciencia o sólo por el deseo de divertirse o de hacerse aplaudir, representan mejor las agrupaciones tal cual habrán de ser en el seno de una sociedad donde la propiedad individual y la lucha entre los hombres se encuentren abolidas y casa uno halle su interés en el interés de todos y su mayor satisfacción en practicar el bien en obsequio de sus semejantes.

Las sociedades y los congresos científicos, la asociación internacional de salvamento, la asociación de la Cruz Roja, las sociedades geográficas, las organizaciones obreras, los cuerpos de voluntarios que acuden a prestar su concurso y su socorro en todas las grandes calamidades públicas, son algunos ejemplos entre mil que podríamos citar de la fuerza que hay en la asociación que se manifiesta siempre que se trata de una necesidad o de una pasión verdaderamente sentida; y los medios no faltan nunca. Si la asociación voluntaria no impera de modo general sobre la faz de la tierra, ni abraza todas las ramas de la actividad material y moral, es a causa de los obstáculos creados por los gobiernos, de los antagonismos suscitados por la propiedad privada, de la impotencia y del envilecimiento a que la gran mayoría de los hombres se ve reducida por consecuencia del acaparamiento de la riqueza por parte de unos cuantos. El gobierno se encarga, por ejemplo, del servicio de correos, ferrocarriles etcétera, ¿pero en qué forma y en qué medida acude realmente en su auxilio? Cuando el pueblo, colocado en disposición de gozar de ellos, siente su necesidad, decide organizarlos y los técnicos no tienen necesidad de una patente del gobierno para dar comienzo a la obra. Cuando más general y más urgente es la necesidad, más abundan los voluntarios para satisfacerlas. Si el pueblo tiene la facultad de pensar en la producción y en la alimentación, nadie tema que se deje morir de hambre esperando que el gobierno dicte leyes sobre el asunto. Si el gobierno debiera ser restablecido, todavía estaría forzado a esperar que el pueblo haya organizado prima facie, para venir, mediante leyes, a sancionar y explotar lo que ya hecho. Demostrando está que el interés privado es el gran móvil de toda acción. Ahora bien, cuando el interés de todos sea el interés de cada uno -y esto ocurriría necesariamente si no existiera la propiedad privada- todos obrarán; si las cosas se hacen ahora que no interesan sino a algunos, se harían entonces tanto más y tanto mejor puesto que interesarían a todo el mundo. Difícilmente se comprende que existan gentes que crean que la ejecución y la marcha regular de los servicios públicos, indispensables a la vida social, se hallan mejor asegurados si se desempeñan por empleados del gobierno y no directamente por los trabajadores dedicados a este género de labor, mediante su espontánea iniciativa o de acuerdo con los demás, y que la realizan bajo la participación directa e inmediata de todos los interesados.

Seguramente que en todo gran trabajo colectivo se requiere la práctica de la división del trabajo, la existencia de dirección técnica, de administración, etc., pero los autoritarios juegan maliciosamente con los vocablos, para deducir la razón de ser del gobierno, de la necesidad, bien real, de organizar el trabajo.

El gobierno, repetimos una vez más, es el conjunto de individuos que han recibido o que se han arrogado el derecho y los medios de hacer las leyes, así como la facultad de forzar a las gentes a su cumplimiento; el administrador, el ingeniero, etc., son, por el contrario, hombres que reciben o asumen la carga de realizar un trabajo y lo realizan. Gobierno significa delegación del poder, o sea, abdicación de la iniciativa y de la soberanía de todos en manos de algunos. Administración significa delegación de trabajo,o sea carga confiada y aceptada, cambio libre de servicios, fundado en pacto libremente ajustado. El gobernante es un privilegiado, puesto que le asiste el derecho de mandar a los demás y el de servirse de sus fuerzas para hacer triunfar sus ideas y sus deseos personales. El administrador, el director técnico, etc., son trabajadores como los otros, cuando se trata, claro es, de una sociedad donde todos tienen medios iguales de desenvolverse, donde todos son o pueden ser trabajadores intelectuales y manuales, donde todos los trabajos, todas las funciones otorgan un derecho igual a disfrutar de las ventajas sociales. Es menester no confundir la función de gobierno con la función de administración, que son esencialmente diferentes, porque si hoy día se hallan confundidas, es sólo a causa del privilegio económico y político.

Detengámonos, además, en el examen de las funciones con respecto a las que el gobierno es considerado por todos los que no profesan el ideal anarquista, como verdaderamente indispensable: la defensa externa e interna de una sociedad, es decir, la guerra, la policía y la justicia.

Suprimidos los gobiernos y puesta la riqueza social a disposición de todo el mundo, bien pronto desaparecerían los antagonismos existentes entre los diferentes pueblos y la guerra no tendría razón de ser. Diremos, además, que en el estado actual de la sociedad, cuando la revolución estalle en un país, si no halla inmediatamente eco en todas partes, encontrará seguramente tantas simpatías que un gobierno no osará enviar tropas al exterior corriendo el riesgo de ver estallar la revolución en su propia casa. Admitamos, sin embargo, que los gobiernos de los países todavía no emancipados quisieran y pudieran intentar reducir a la esclavitud a un pueblo libre. ¿Tendría éste, por ventura, necesidad de un gobierno para defenderse? Para hacer la guerra se requieren hombres que posean los conocimientos técnicos y geográficos del caso y sobre todo, masas prontas a batirse. Un gobierno no puede aumentar la capacidad de aquéllos ni la voluntad y el valor de éstas. La experiencia histórica nos enseña cómo un pueblo que desea vivamente defender su propio país, es invencible. En Italia, todo el mundo sabe cómo, ante los cuerpos de voluntarios (formación anárquica) se bambolean los tronos y se desvanecen los ejércitos regulares, compuestos de hombres forzados o asalariados.

¿La policía? ¿La justicia? Muchos se imaginan que si no hubiera gendarmes, policías y jueces, casa uno sería libre de matar, de violar y de vejar a su prójimo; que los anarquistas, en nombre de sus principios, desearían el respeto para esta especial libertad que viola y destruye la libertad y la vida ajenas; están casi persuadidos de que, después de haber destruido al gobierno y a la propiedad privada, consentiríamos impasibles la reconstitución de uno y de otra por respeto a la libertad de quienes experimentaran la necesidad de ser gobernantes y propietarios. ¡Extraña manera, en verdad, de comprender nuestros ideales! Es cierto que discurriendo de este modo se llega más fácilmente a desentenderse, merced a un encogimiento de hombros, del trabajo de refutarlos seriamente.

La libertad que los anarquistas queremos para nosotros mismos y para los demás, no es libertad absoluta, abstracta, metafísica, que se traduce fatalmente en la práctica, en la opresión de los débiles, sino la libertad real, la libertad posible que es la comunidad consciente de los intereses, la solidaridad voluntaria. Proclamamos la máxima: «Haz lo que quieras», y resumimos, por así decirlo, en ella, nuestro programa, porque -fácil es de comprender- estamos persuadidos de que en una sociedad sin gobierno y sin propiedad, cada uno querrá aquello que deba querer.

Mas si, por consecuencia de la educación heredada de la sociedad actual, de malestar físico o de cualquiera otra causa, alguien quisiera algo perjudicial a nosotros o a cualquiera, emplearíamos -estese cierto de ello- todos los medios disponibles para impedirlo. En efecto, desde el instante en que sabemos que el hombre es la consecuencia de su propio organismo y del ambiente cósmico y social en que vive; desde que distinguimos perfectamente el derecho inviolable de la defensa del pretendido y absurdo derecho de castigar; desde que en el delincuente, es decir, en el que comete actos antisociales, no vemos al esclavo rebelde, como ven los jueces de nuestros días, sino a un hermano enfermo necesitado de cuidados, no hemos de ensañarnos en la represión, sino que habremos de esforzarnos en no extremar la necesidad de la defensa, dejando de pensar en vengarnos, para ocuparnos en cuidad, atender y regenerar al desgraciado con todos los recursos que la ciencia ponga a nuestra disposición.

En todo caso, y cualquiera que sea el modo que de entenderlo tenga los anarquistas -quienes, como todos los teorizantes, pueden perder de vista la realidad para correr tras un fantasmas de lógica- es lo cierto que el pueblo no consentirá jamás que se atente impunemente a su libertad ni a su bienestar, y si la necesidad surgiese sabría atender a su propia defensa contra las tendencias antisociales de algunos extraviados. Mas para esto ¿es indispensable la existencia de esas gentes que tienen por oficio la fabricación de leyes? ¿Ni la de esas otras que sólo se ocupan en descubrir o en inventar contraventores a ellas? Cuando el pueblo repruebe verdadera y seriamente una cosa y la encuentre perjudicial, sabrá lograr impedirlas mejor que todos los legisladores, todos los gendarmes y todos los jueces de profesión. Cuando en las rebeliones el pueblo ha querido hacer respetar la propiedad privada, lo ha conseguido mejor que pudiera haberlo hecho un ejército de gendarmes.

Las costumbres se acomodan siempre a las necesidades y a los sentimientos de la generalidad, y son tanto más respetadas cuanto menos sujetas de hallan a la sanción de la ley, porque todos ven en ellas y comprenden su utilidad, y los interesados, que no se hacen ilusiones acerca de la protección del gobierno, se proponen hacerlas respetar por sí mismos. Para una caravana que viaja por los desiertos africanos, la bien entendida economía del agua es una cuestión de vida o muerte para todos, y el agua, en tal circunstancia, conviértase en cosa de gran valor: nadie se permite abusar de ella. Los conspiradores tienen necesidad de rodearse del secreto; el secreto es guardado, o la nota de infamia cae sobre quien lo viola. Las casas de juego no están garantizadas por la ley, y, entre jugadores, quien no paga es desconsiderado por todos y él mismo se considera deshonrando.

El que no se cometa mayor número de homicidios ¿puede se debido a la existencia de los gendarmes? La mayor parte de los pueblos de Italia no ven a estos agentes sino muy de tarde en tarde; millones de hombres van por montes y por valles, lejos de los ojos tutelares de la autoridad, de suerte que se les podría atacar sin el menor riesgo de castigo, y, sin embargo, caminan con la seguridad que podrían disfrutar en los centros de mayor población. La estadística demuestra que el número de criminales es afectado muy poco por efecto de medidas represivas, y, en cambio, varía sensiblemente y a compás de las variaciones que experimentan las condiciones económicas y el estado de la opinión pública.

Las leyes represivas, por lo demás, sólo hacen relación a los hechos extraordinarios, excepcionales. La vida cotidiana se desliza fuera del alcance del código, y está regulada, casi inconscientemente, por el asentimiento tácito o voluntario de todos, por una suma de usos y costumbres, bastante más importantes para la vida social que los artículos del código penal y bastante más y mejor respetados, aunque se hallan desprovistos de toda sanción que no sea la natural del desprecio en que incurren los infractores y la del mal resultante de tal desprecio.

Cuando surgen diferencias entre los hombres, ¿ocurre acaso que el árbitro voluntariamente aceptado o la presión de la opinión pública, no serían más a propósito para dar la razón a quien la tenga que una magistratura irresponsable, facultada para juzgar sobre todo y sobre todos, que necesariamente tiene que ser incompetente, y por ende injusta?

De igual modo que el gobierno no sirve, en general, sino para la protección de las clases privilegiadas, la policía y la magistratura no sirven sino para la represión de estos delitos, que no son considerados tales por el pueblo y que ofenden tan sólo los privilegios de los gobernantes y de los propietarios. Para la verdadera defensa social, para la defensa del bienestar y de la libertad de todos, no hay nada tan perjudicial como la formación de estas clases, que viven con el pretexto de defendernos a todos y se habitúan a considerar a todo hombre como un jabalí bueno para recluirlo en una jaula, y le maltratan, sin saber por qué, por orden de un jefe, como asesinos inconscientes y mercenarios.

Y bien, sea -se dice- la anarquía puede ser una forma perfecta de vida social, pero no queremos dar el salto a las tinieblas. Explíquesenos, pues, en detalle, cómo habrá de organizarse la sociedad futura. Sigue después una serie de preguntas por demás interesantes, si se trata de estudiar los problemas que han de imponerse a la sociedad emancipada, pero que son inútiles, absurdas o ridículas si se pretende obtener de nosotros una solución definitiva.

¿Por qué métodos se llevará a cabo la educación de los niños? ¿Cómo se organizarán la producción y la distribución? ¿Existirán, entonces, grandes ciudades, o bien la población se distribuirá de una manera igual sobre la redondez de la tierra? ¿Y si todos los habitantes de Siberia quisieran pasar el invierno en Niza? ¿Y si todos quisieran comer perdices o beber vinos de primera calidad? ¿Qué harán los mineros y los marinos? ¿Quién limpiará las letrinas y las alcantarillas? Los enfermos, ¿serán asistidos a domicilio o en el hospital? ¿Quién establecerá el horario de ferrocarriles? ¿Qué se hará si el mecánico o maquinista le da un cólico estando el tren en marcha?... Y así, por el estilo, hasta llegar a pretender que poseamos toda la ciencia y la experiencia del porvenir, y que en nombre de la anarquía hayamos de prescribir a los hombres futuros la hora a que deban acostarse y los días en que deban cortarse las uñas de los pies.

En verdad que si nuestros lectores esperan ver a continuación una respuesta a tales preguntas o a lo menos a aquéllas más serias o más importantes distinta de nuestra opinión personal del momento- tal cosa significaría que no hemos logrado explicar en las anteriores páginas lo que por anarquía debe entenderse. Nosotros nos somos más profetas que el resto de la humanidad; si nosotros pretendiéramos dar solución definitiva a todos los problemas que se presentarán seguramente en la sociedad futura, entenderíamos la abolición del gobierno de una manera bien extrema, ¡como que nos constituiríamos sin querer, en gobernantes y prescribiríamos, a manera de los legisladores religiosos, un código universal para el presente y para el porvenir! Gracias a que, careciendo de hogueras y de prisiones para imponer nuestra Biblia, la humanidad podría reírse impunemente de nuestra pretensiones.

Nosotros nos preocupamos mucho de todos los problemas de la vida social, sea en interés de la ciencia, sea que contemos con ver realizarse la anarquía y concurrir en la medida de nuestras fuerzas a la organización de la nueva sociedad - Tenemos, pues soluciones propias y originales, que, según los casos, aplicaríamos de modo definitivo o de modo transitorio, y expondríamos aquí algo acerca de ellas si la carencia de espacio no nos lo impidiera.

Mas el hecho de que hoy día, con los antecedentes que poseemos, pensamos de tal o cual modo acerca de determinada cuestión, no significa que así haya de suceder en el día de mañana. ¿Quién puede prever las actividades que se desarrollarán en la humanidad cuando ésta haya logrado emanciparse de la miseria y de la opresión? ¿Cuando no haya ni esclavos ni amos y la lucha contra los demás hombres, y el odio y los rencores de ella derivados no constituyan una necesidad de la existencia? ¿Quién puede prever los progresos de la ciencia, los nuevos medios de producción, de comunicación, etc.?

Lo esencial es esto: que se constituya una sociedad donde la explotación y la dominación del hombre por el hombre resulten imposibles: donde todos tengan la libre disposición de los medios de existencia, de desarrollo y de trabajo, donde todos puedan concurrir como deseen y como sepan a la organización de la vida social.

En una sociedad semejante todo se hará necesariamente de manera que satisfaga del mejor modo las necesidades de todos, dados los conocimientos y las posibilidades del momento; todo se transformará en dirección a lo bueno, lo mejor, a medida que aumenten y se ensanchen los conocimientos y los medios.

En el fondo, un programa relacionado con las bases de la constitución social no puede hacer otra cosa que indicar un método. Y el método es, principalmente, lo que diferencia y separa a los movimientos determinando, además, su importancia en la historia. Abstracción hecha del método (todos dicen que desean el bien de la humanidad, y muchos lo desean realmente), los movimientos desaparecen y con ellos desaparece, también, toda acción organizada con un determinado fin. Es menester, pues, considerar a la anarquía como un método.

Los métodos de que los diversos movimientos no anarquistas esperan o dicen esperar el mayor bienestar de todos y cada uno, pueden reducirse a dos: el autoritario y el llamado liberal. El primero confía a unos cuantos la dirección de la vida social y conduce a la explotación y a la opresión de la masa por parte de unos pocos. El segundo lo confía a la libre iniciativa de los individuos y problema, si no la abolición, al menos la reducción del gobierno al mínimo posible de atribuciones. Como quiera que respeta la propiedad individual, que funde por completo en el principio de cada uno para sí, y, por ende, en la concurrencia entre los hombres, su libertad no es sino la libertad para los fuertes y para los propietarios, de oprimir y explotar a los débiles, a los que no poseen nada; lejos de producir la armonía tiende siempre a aumentar la distancia entre ricos y pobres y conduce lógicamente a la explotación y a la dominación, o sea a la autoridad.

Este segundo método, es decir, el liberalismo, viene a ser teóricamente una especie de anarquía sin socialismo, y por tanto no es más que una mentira, un engaño, puesto que la libertad no puede existir sin la igualdad; la anarquía verdadera es inconcebible fuera de la solidaridad, fuera del socialismo. La crítica que los liberales hacen del gobierno se reduce a querer despojarle de un cierto número de atribuciones, pero no pueden atacar las funciones represivas que son de su esencia, por cuento sin gendarmes el propietario no podría existir y hasta la fuerza represiva del gobierno debe siempre crecer a medida que crecen, por efecto de la libre concurrencia, la desarmonía y la desigualdad.

Los anarquistas presentan un método nuevo: «La iniciativa libre de todos y libre pacto», después de que la propiedad privada individual, abolida revolucionariamente, todos hayamos sido puestos en condiciones iguales de poder disponer de la riqueza social. No dando pie este método a la reconstrucción de la propiedad individual, debe conducir por el camino de la libre asociación al triunfo completo del principio de solidaridad.

Considerando las cosas desde este punto de vista, se ve que todos los problemas que se suscitan a fin de combatir las ideas anarquistas son, por el contrario, un argumento más a favor de la anarquía, puesto que ésta indica por sí sola el camino que debe seguirse para hallar experimentalmente la solución que mejor responda a los postulados de la ciencia y a las necesidades y sentimientos de todos.

¿Cómo se educará a los niños?... No lo sabemos ni necesitamos saberlo. Los padres, los pedagogos y todos cuantos se interesen por la suerte de las futuras generaciones, se reunirán; discutirán, y unidos o divididos en diversas opiniones pondrán en práctica los sistemas de enseñanza que estimen más convenientes; y constatado por la experiencia el sistema mejor concluirá por triunfar.

Esto mismo es aplicable a cuantos problemas puedan presentarse.

Resulta de aquí lo que ya hemos dicho antes, que la anarquía, tal cual la concibe el movimiento anarquista y tal como puede ser comprendida, se basa en el socialismo. Y si no existieran escuelas socialistas que escinden artificiosamente la unidad natural de la cuestión social, considerando sólo algunas partes o aspectos de ellas, si no existieran los equívocos por medio de los cuales se trata de cortar el paso a la revolución social, podríamos afirmar que anarquía es sinónimo de socialismo, puesto que una y otro significan la abolición de la dominación y de la explotación del hombre por el hombre, practíquense por medio de los engaños, por la fuerza de las bayonetas o por medio del acaparamiento de los medios de existencia.

La anarquía, de igual modo que el socialismo, tiene como base, como punto de partida y como medio necesario, la igualdad de condiciones, por faro la solidaridad y por método la libertad. La anarquía no es la perfección, no es el ideal absoluto que, como el horizonte, se aleja a medida que avanzamos; pero es ciertamente el camino abierto a todos los progresos, a todos los perfeccionamientos, realizables en interés de todos.

Establecido ya que la anarquía es el solo modo de vida social que conduce y facilita el mayor bienestar para todos los hombres, por ser el único capaz de destruir toda clase interesada en mantener oprimida y en mísera condición a la masa humana; demostrado que la anarquía es posible, desde el momento en que se limita, en resumen, a desembarazar a la humanidad del obstáculo gobierno contra el que siempre ha tenido que luchar para avanzar en su penoso trabajo; establecido todo esto, hagamos constar que los autoritarios de la libertad y de ¡ajusticia, tienen miedo a la libertad y no saben decidirse a concebir una humanidad viviendo y marchando sin tutores y sin pastores. Estrechados de cerca por la verdad, solicitan estos individuos el aplazamiento indefinido de la solución del asunto. He aquí la substancia de los argumentos que se nos oponen al llegar a este punto concreto de la discusión.

«Esta sociedad sin gobierno que se rige por medio

de la cooperación libre y voluntaria; esta sociedad que se confía de modo absoluto a la acción espontánea de los intereses y que se halla enteramente fundada en la solidaridad y en el amor, es, en verdad, un ideal muy bello, pero que, como todos los ideales, permanece en el estado de nebulosidad. Nos hallamos en el seno de una humanidad siempre dividida en oprimidos y opresores; éstos imbuídos del espíritu de dominación y manchados con todos los vicios de los tiranos; aquellos habituados al servilismo y encenagados en los todavía más vergonzosos vicios que la esclavitud engendra. El sentimiento de la solidaridad dista mucho de ser el que impera entre los hombres del día, y si es cierto que los destinos de los hombres son y se hacen cada día más solidarios entre sí, no es menos cierto que lo que mejor se percibe y mejor caracteriza la naturaleza humana es la lucha por la existencia que diariamente sostiene cada uno contra todos; es la concurrencia que acorrala de cerca a obreros y a patronos, y que hace que cada hombre sea el lobo de otro hombre. ¿Cómo podrán ellos, hombres cuya educación la han adquirido en el seno de una sociedad basada en el antagonismo de clases y en el de individuos, transformarse de repente y resultar capaces de vivir en una sociedad donde cada uno habrá de hacer lo que quiera y deba, sin coacción exterior alguna, por impulso de su propia naturaleza, querer el bien ajeno? ¿Con qué discernimiento podría confiarse la suerte de la revolución, la suerte de la humanidad, a una turba ignorante, anémica de miseria, embrutecida por el cura, que hoy será estúpidamente sanguinaria y mañana se dejará engañar groseramente por cualquiera o doblará humildemente la cabeza ante el primer guerrero que ose proclamarse dueño? ¿No sería más prudente marchar hacia el ideal anarquista, pasando primero por una república democrática y socialista? ¿No sería conveniente un gobierno compuesto de los mejores para preparar la generación de las ideas futuras?».

Estas objeciones no tendrían razón de ser si hubiéramos llegado a conseguir hacer comprender al lector, y convencerle de lo anteriormente expuesto, pero, aun cuando sea incurrir en repeticiones, no por eso habremos de dejarlas incontestadas.

Nos hallamos siempre en presencia del prejuicio de que el gobierno es una fuerza nueva, salida no se sabe de dónde, que añade de por sí misma algo a la suma de fuerzas y de capacidades de aquellos que la componen y de aquellos que la obedecen. Por el contrario, todo lo que se hace en la humanidad se hace por hombres, y el gobierno, como tal, sólo aporta de su parte, por un lado, la tendencia a constituir un monopolio de todo en provecho de una determinada parte o de una determinada clase, y por otro, la resistencia a toda iniciativa que nazca fuera de su camarilla.

Abolir la autoridad, abolir el gobierno, no significa destruir las fuerzas individuales y colectivas que se agitan en el seno de la humanidad, o a las miles de influencias que los hombres ejercen mutuamente los unos sobre los otros; esto sería reducir la humanidad a un amasijo de átomos separados unos de otros e inertes, cosa imposible, y que de ser posible daría por resultado la destrucción de toda la sociedad, es decir la muerte de la humanidad.

Abolir la autoridad significa abolir el monopolio de la fuerza y de la influencia; abolir la autoridad significa abolir este estado de cosas en que la fuerza social, o sea la fuerza de todos, es el instrumento del pensamiento, de la voluntad y de los intereses de un pequeño número de individuos, quienes mediante la fuerza suprimen, en su propio provecho y en el de sus particulares ideas, la libertad de cada uno.

Abolir la autoridad significa destruir una forma de organización social por la cual el porvenir resulta acaparado de una a otra revolución, en beneficio de aquellos que fueron los vencedores de un momento.

Miguel Bakunin, en un escrito publicado en 1872, después de decir que los grandes medios de acción de la Internacional eran la propaganda de sus ideas y la organización de la acción natural de sus miembros sobre las masas, añade:

«A quien pretendiera que una acción así organizada constituiría un atentado a la libertad de las masas, una tentativa de creación de un nuevo poder autoritario, le responderíamos que es un sofista o un bobo. Tanto peor para aquellos que ignoran las leyes naturales y sociales de la solidaridad humana hasta el punto de imaginar que una absoluta independencia mutua de los individuos y de las masas es cosa factible o por lo menos deseable.

»Tal deseo, significa querer la destrucción de la sociedad, puesto que la vida social no es otra cosa que esta dependencia mutua y continuada de los individuos y de las masas.

»Todos los individuos, aun cuando no se trate de los más inteligentes y de los más fuertes, y mejor todavía, si se trata de los más inteligentes y de los más fuertes, son a cada instante los productores. La libertad misma de cada individuo no es sino la resultante, continuamente reproducida, de esta masa de influencias materiales y morales ejercida sobre él por todos los individuos que le rodean, por la sociedad en cuyo seno nace, se desarrolla y muere. Querer escapar a esta influencia por medio de una libertad trascendente, divina, absolutamente egoísta y suficiente a sí misma, constituye una tendencia al no ser; querer renunciar a toda acción social, a la expresión misma de sus pensamientos y de sus sentimientos viene a dar el mismo resultado. Esta independencia tan alabada por los idealistas y los metafísicos, así como la libertad individual en tal sentido concebida, son, pues la nada.

»En la naturaleza como en la sociedad humana, que no es otra cosa sino la misma naturaleza, todo lo que vive no vive sino con la condición suprema de intervenir, del modo más positivo y potente que su índole consienta, en la vida de los demás; la abolición de esta influencia mutua sería la muerte, y cuando nosotros reivindiquemos la libertad de las masas, no pretenderemos abolir ninguna de las influencias naturales que los individuos ejercen sobre ellas, lo que nosotros trataremos de realizar será la abolición de las influencias artificiales, privilegiadas, legales, oficiales».

Es cierto que, en el estado actual de la sociedad, donde la gran mayoría de los hombres, corroída por la miseria y embrutecida por la superstición, gime en la más honda abyección, los destinos humanos dependen de la acción de un número relativamente poco considerable del individuos.

Ciertamente que no podrá conseguirse el que de un momento a otro todos los hombres se eleven hasta el nivel necesario para poder sentir y comprender el deber -más bien que placer- de realizar todos sus actos de manera que de ellos resulte a los demás hombres el mayor bienestar posible.

Pero si las fuerzas pensantes y directivas de la humanidad son actualmente poco considerables, no constituye esto, ni puede constituir, una razón para organizar la sociedad de tal manera que, gracias a la inercia producida por las posiciones aseguradas, gracias a la herencia, gracias al proteccionismo, al deseo de cooperación y a toda la mecánica gubernamental, las fuerzas más vivas y las capacidades más relevantes concluyen por hallarse fuera del gobierno y casi privadas de influencia sobre la vida social.

Y los que llegan al gobierno, hallándose en él fuera de su ambiente como se hallan, y hallándose, ante todo, interesados en continuar en el poder como se hallan, pierden toda fuerza activa y se convierten en obstáculo que detiene y entorpece la acción de los demás.

Abolid esta potencialidad negativa, que es el gobierno, y la sociedad será aquello que debe ser, según las fuerzas y las capacidades del momento.

Si en ella se encuentran hombres instruidos y deseosos de difundir la instrucción, ellos organizarán escuelas y se esforzarán en hacer sentir a todos la utilidad y el placer de instruirse; y si estos hombres no existen o son poco numerosos, un gobierno no podría, como hoy día sucede, llamar a su seno a estos hombres, sustraerlos al trabajo fecundo, obligarles a redactar reglamentos cuya observación se encomiende a las gestiones de policías y agentes de la Administración, y hacer de ellos, de institutores inteligentes y apasionados que eran, políticos preocupados tan sólo en ver implantadas sus manías y permanecer en el poder el mayor tiempo posible.

Si en sociedad se encuentran médicos e higienistas, ellos organizarán, a buen seguro, el servicio sanitario. Y si no existen, un gobierno tampoco puede improvisarlos; únicamente podría, merced a la muy justificada sospecha que el pueblo abriga con relación a todo lo que se le impone, rebajar el crédito y la reputación de los médicos existentes y hacerles descuartizar, como envenenadores, cuando tratan de evitar o de combatir las epidemias.

Si existieran ingenieros y maquinistas, ellos cuidarían de establecer y organizar ferrocarriles, si no existieran, es evidente también que un gobierno no podría inventarlos.

La revolución, al abolir el gobierno y la propiedad individual, no creará fuerzas que actualmente no existan, pero dejará el campo libre a la expansión de todas las fuerzas, de todas las capacidades existentes, destruirá toda clase o agrupación interesada en mantener a las masas en el embrutecimiento y obrará de suerte que cada uno pueda ejercitar su influencia en proporción a su respectiva capacidad y de conformidad a sus pasiones y a sus intereses.

Este es el único camino por el cual la masa puede elevarse, siempre el de habituar a los gobernados a la sujeción y el de tender siempre a hacerse más y más necesario.

Por otra parte, si se quiere lograr un gobierno que deba educar a las masas y conducirlas a la anarquía, es sin embargo, necesario indicar cuál haya de ser el origen y el modo de formación del mismo.

¿Habrá de ser la dictadura de los mejores? Pero, ¿quiénes son los mejores? Y, ¿quién ha de reconocerles y asignarles esta cualidad? La mayoría está, de ordinario, apegada a viejos prejuicios, a ideas y a instintos ya dejados atrás por una minoría más favorecida; pero entre las mil y una minorías que creen cada cual tener razón -y todos pueden tenerla relativamente a determinados puntos- ¿cuál habría de elegirse? ¿mediante qué criterio se tendrá que proceder para poner la fuerza social a disposición de una de ellas, cuando sólo el porvenir puede decidir entre las partes litigantes?

Si se toman cien partidarios inteligentes de la dictadura, se verá que cada uno de ellos cree que él debe ser, si no el dictador, uno de los dictadores, o por lo menos ocupar un puesto inmediato a la dictadura. En efecto, los dictadores serían quienes, por un camino o por otro, llegaran a imponerse y, por los tiempos que corren, podemos tener la seguridad de que todos sus esfuerzos habrían de emplearse tan sólo en la lucha que forzosamente tendría que sostener para defenderse de los ataques de sus adversarios, y esto olvidando sus veleidades de educación como si nunca hubieran existido.

¿Será, por el contrario, un gobierno elegido por sufragio universal, y por tanto, la emancipación más o menos sincera de la voluntad de la mayoría? Pues si se consideran a estos flamantes electores como incapaces de atender por sí mismos a sus propios intereses, ¿cómo habrán de acertar, en ningún caso, a elegir los pastores de guiarles? ¿De qué manera podrán resolver el problema de alquimia social consistente en obtener la elección de un genio como resultado de la acumulación de votos de una masa de imbéciles? ¿Y la suerte de las minorías, por regla general la parte más inteligente, la más activa y la más adelantada de una sociedad?

Para resolver el problema social en favor de todos no existe más medio que uno, y es el siguiente: expropiar revolucionariamente a los detentadores de la riqueza social; ponerlo todo a disposición de todos, y obrar de suerte que todas las fuerzas, todas las capacidades, todas las buenas voluntades existentes entre los hombres, obren y actúen para proveer a las necesidades de todos.

Nosotros luchamos por la anarquía y por el socialismo, porque estamos convencidos de que la anarquía y el socialismo deben tener una acción inmediata; es decir, expulsar a los gobiernos, abolir la propiedad y confiar los servicios públicos -que en este caso comprendan toda la vida social- a la obra espontánea, libre, no oficial, no autoritaria, de todos los interesados y de todos aquellos que tengan voluntad para hacer algo. Cierto que se suscitarán dificultades e inconvenientes, pero unas y otros se resolverán como no puede ser de otra manera, anárquicamente, es decir, mediante la acción directa de los interesados y de los libres acuerdos.

No sabemos si la anarquía y el socialismo surgirán triunfantes de la próxima revolución; mas es cierto que si los programas llamados de transición se adoptan, esto será porque por esta vez hemos sido vencidos, y jamás porque hayamos creído útil o conveniente dejar con vida una parte siquiera del defectuoso sistema bajo el que la humanidad gime y llora.

De todos modos, habremos de ejercer sobre los acontecimientos la influencia que el número nos proporcione y que nos den nuestra inteligencia, nuestra energía y nuestra intransigencia; y aun en el supuesto de ser vencidos, nuestros esfuerzo nunca resultará estéril ni inútil, puesto que, cuanto más hayamos estado decididos a llegar a la realización de todo nuestro programa, tanto menos cantidad de gobierno y tanto menor suma de propiedad existirán en la nueva sociedad. Nosotros habremos realizados una obra grande, porque el progreso humano se mide precisamente por la disminución del gobierno y por la disminución de la propiedad privada.

Y si hoy caemos sin arriar nuestra bandera, podemos estar seguros de la victoria de mañana.

Copyright © 2020 por FV Éditions
Portada@FVE
ISBN EBOOK 979-10-299-0822-4
ISBN PAPERBACK 9798607242510
ISBN HARDCOVER 979-10-299-0823-1
Todos los Derechos Reservados

---

www.ingramcontent.com/pod-product-compliance
Lightning Source LLC
LaVergne TN
LVHW042246070526
838201LV00089B/44